DANS MA COMMUNAUTÉ

QUAND JE VAIS AU ZOO QU'EST-CE QUE JE VOIS?

COLLECTION CRABTREE « LES JEUNES PLANTES »

Miranda Kelly

Traduction :
Claire Savard

Crabtree Publishing
crabtreebooks.com

Quand je vais au jardin zoologique ou zoo, qu'est-ce que je vois?

ZOO
ENTRANCE
BUY TICKETS
NOW OPEN
PURCHASE TICKETS HERE
BUY TICKETS
6 OPEN
8 OPEN
Your Membership
PAYS FOR ITSELF
IN AS LITTLE AS
TODAY ZOO

Je vois une **girafe**, grande comme un arbre.

ARBRE
GIRAFE

Je vois de drôles
de **chimpanzés**, un,
deux, trois.

1
2
3

Je vois une
éléphante avec
son petit.

ÉLÉPHANTE
ÉLÉPHANTEAU

Je vois un **ours polaire**, blanc comme tu peux le voir.

Je vois un tigre téméraire qui me regarde.

Quand je vais au zoo, qu'est-ce que je vois?

Je vois un **hippopotame** et des poissons dans un étang vert.

Je vois des chèvres et des lapins que l'on peut nourrir.

Je vois des animaux magnifiques. Es-tu d'accord?

Glossaire

chimpanzés (chin-pan-zé) : Les chimpanzés sont des animaux plus petits que les singes. Habituellement, ils ont une queue.

éléphant (e) (é-lé-fan (te)) : Un éléphant est un gros animal qui a une peau rugueuse et plissée et qui a une trompe.

girafe (gi-raf) : Une girafe est un animal avec un très long cou. Il est l'animal le plus grand du monde.

hippopotame (hi-po-po-tam) : Un hippopotame est un animal d'Afrique avec d'épaisses et courtes pattes et une peau épaisse. Les hippopotames vivent dans l'eau ou tout près.

ours polaire (ours po-lèr) : Un ours polaire est un animal qui vient de l'Arctique où il fait froid.

zoo (zou) : Un zoo ou jardin zoologique est un parc où les animaux sont gardés en captivité pour que les personnes les voient et s'instruisent.

Index

Soutien de l'école à la maison pour les gardien(ne)s et les enseignant(e)s.

Ce livre aide les enfants à se développer grâce à la pratique de la lecture. Voici quelques exemples de questions pour aider le(a) lecteur(-trice) à développer ses capacités de compréhension. Des suggestions de réponses sont indiquées.

Avant la lecture

- Quel est le sujet de ce livre? Je pense que ce livre parle d'une visite au jardin zoologique, aussi appelé zoo.
- Qu'est-ce que je veux savoir sur ce sujet? Je veux en savoir plus sur les animaux vivant dans un zoo.

Durant la lecture

- Je me demande pourquoi... Je me demande pourquoi l'hippopotame est sous l'eau.
- Qu'est-ce que j'ai appris jusqu'à présent? J'ai appris qu'au zoo on peut trouver des girafes, des chimpanzés, des éléphants, des ours polaires, des tigres, des hippopotames, des poissons, des chèvres et des lapins.

Après la lecture

- Nomme quelques détails que tu as retenus. J'ai appris qu'il y a différents animaux dans un zoo. Les gens peuvent en apprendre plus à leur sujet avec les travailleurs du zoo. Les gens peuvent même nourrir certains animaux.
- Écris les mots peu familiers et pose des questions pour mieux comprendre leur signification. Je vois le mot ***chimpanzés*** à la page 6 et le mot ***hippopotame*** à la page 16. Les autres mots de vocabulaire se trouvent aux pages 22 et 23.

Crabtree Publishing

crabtreebooks.com 800-387-7650

Version imprimée du livre produite conjointement avec Blue Door Education en 2021.

Auteur : Miranda Kelly
Traduction : Claire Savard
Coordinatrice à l'impression : Candice Campbell

Hardcover	978-1-4271-4983-1
Paperback	978-1-4271-3661-9
Ebook (pdf)	978-1-4271-3729-6
Epub	978-1-4271-4973-2
Read-along	978-1-0398-0393-0
Audio book	978-1-4271-4963-3

Printed in the U.S.A./CP022026

Publié au Canada par Crabtree Publishing
616 Welland Avenue
St. Catharines, Ontario
L2M 5V6

Publié aux États-Unis par Crabtree Publishing
347 Fifth Avenue
Suite 1402-145
New York, NY 10016

Crédits photos : Couverture – arrière-plan, texte boîte artistique et billets p 2 © shutterstock.com/mollicart; p. 3 © shutterstock.com/Trong Nguyen; p. 3 © istock.com/stevezmina1; p. 4 © Mrs_ya; p. 5 © shutterstock.com/Susan Macdonald; p. 7 © shutterstock.com/yod67; p. 9 © shutterstock.com/pitchakorn yodmun; p. 11 © shutterstock.com/Marina_Saw_it; p. 13 © shutterstock.com/iyd39; p. 15 © istock.com/image source; p. 17 ©istock.com/tatisol; p. 19 ©istock.com/Andrey Donnikov.

Catalogage avant publication de Bibliothèque et Archives Canada
Titre: Quand je vais au zoo, qu'est-ce que je vois? / Miranda Kelly.
Autres titres: When I go to the zoo, what do I see? Français.
Noms: Kelly, Miranda, auteur.
Description: Mention de collection: Dans ma communauté | Collection Crabtree "Les jeunes plantes" | Traduction de : When I go to the zoo, what do I see? | Traduction : Claire Savard. | Comprend un index.
Identifiants: Canadiana (livre imprimé) 20210171359 | Canadiana (livre numérique) 20210171367 | ISBN 9781427136619 (couverture souple) | ISBN 9781427137296 (HTML) | ISBN 9781427149732 (EPUB)
Vedettes-matière: RVM: Animaux de jardin zoologique—Ouvrages pour la jeunesse. | RVM: Jardins zoologiques—Ouvrages pour la jeunesse.
Classification: LCC QL77.5 .K4514 2021 | CDD j590.73—dc23